edition suhrkamp
Redaktion: Günther Busch

Das Stück *Die Gewehre der Frau Carrar* ist 1937 entstanden; es wurde im selben Jahr in Paris mit Helene Weigel als Frau Carrar aufgeführt. Es gehört zu den unverschlüsselt politischen Theaterarbeiten Brechts und antwortete, wie der Autor im zweiten Band der Malik-Ausgabe (1938) in einer Anmerkung notiert hat, auf frühe Konstellationen und Erfahrungen des Spanischen Bürgerkriegs.

Bertolt Brecht
Die Gewehre der Frau Carrar

Suhrkamp Verlag

20. Auflage 2025

Erste Auflage 1980
edition suhrkamp
Copyright 1957 Brecht-Erben und Suhrkamp Verlag © Suhrkamp
Verlag GmbH, Berlin, 1967. Alle Rechte vorbehalten, insbesondere das
der Übersetzung, der Aufführung, des öffentlichen Vortrags sowie der
Übertragung durch Rundfunk und Fernsehen, auch einzelner Teile. Wir
behalten uns auch eine Nutzung des Werks für Text und Data Mining im
Sinne von § 44b UrhG vor.
Satz in Linotype Garamond, Druck und Bindung bei C. H. Beck,
Nördlingen. Gesamtausstattung: Willy Fleckhaus.
Printed in Germany
ISBN 978-3-518-10219-0

Suhrkamp Verlag GmbH
Torstraße 44, 10119 Berlin
info@suhrkamp.de
www.suhrkamp.de

Die Gewehre der Frau Carrar

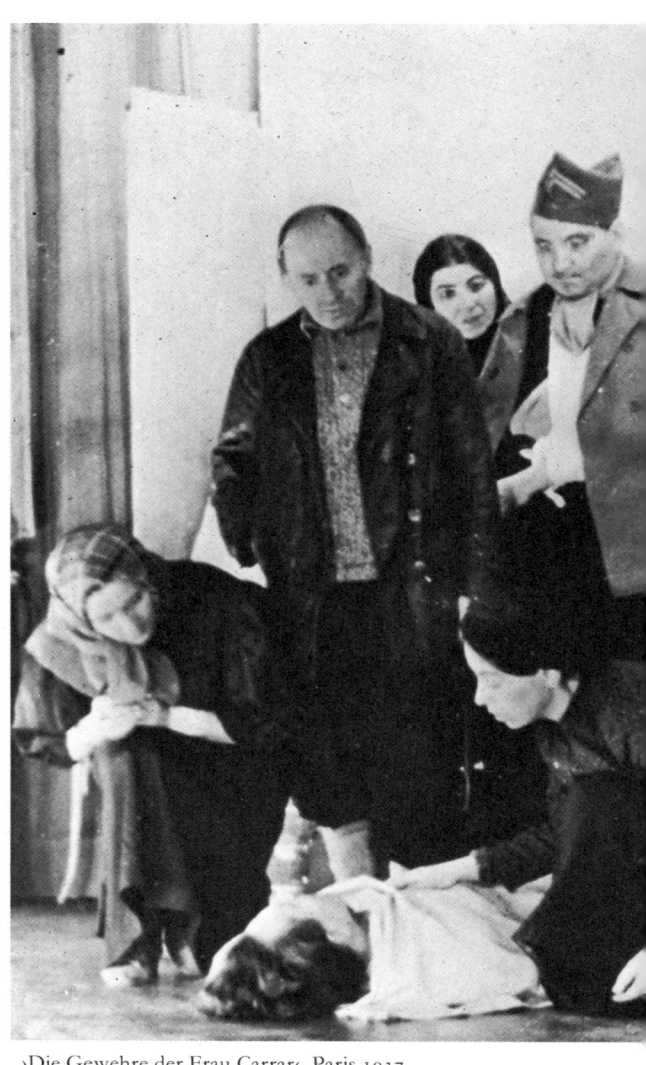

›Die Gewehre der Frau Carrar‹, Paris 1937
Die Uraufführung des Stückes fand am 16. Oktober 1937 unter dem Protektorat des Schutzverbandes Deutscher Schriftsteller statt

Regie: Slatan Dudow, mit Helene Weigel als Carrar.

Unter Benutzung einer Idee von J. M. Synge

Mitarbeiter: M. Steffin

Personen

Teresa Carrar, eine Fischerfrau · José, ihr jüngerer Sohn · Der Arbeiter Pedro Jaquéras, Teresa Carrars Bruder · Der Verwundete · Manuela · Der Padre · Die alte Frau Perez · Zwei Fischer · Frauen · Kinder

Eine der Nächte des April 1937 in einem andalusischen Fischerhaus. In einer Ecke der geweißneten Stube ein großes schwarzes Kruzifix. Eine vierzigjährige Fischerfrau, Teresa Carrar, beim Brotbacken. Am offenen Fenster ihr fünfzehnjähriger Sohn José, einen Netzpflock schnitzend. Ferner Kanonendonner.

DIE MUTTER Siehst du Juans Boot noch?

DER JUNGE Ja.

DIE MUTTER Brennt seine Lampe noch?

DER JUNGE Ja.

DIE MUTTER Es ist kein anderes Boot hinzugekommen?

DER JUNGE Nein.

Pause.

DIE MUTTER Das wundert mich. Warum ist sonst keiner draußen?

DER JUNGE Das weißt du doch.

DIE MUTTER *geduldig:* Wenn ich frage, weiß ich es nicht.

DER JUNGE Es ist außer Juan keiner draußen, weil sie jetzt etwas anderes zu tun haben, als Fische zu fangen.

DIE MUTTER So.

Pause.

DER JUNGE Und auch Juan wäre nicht draußen, wenn es nach ihm ginge.

DIE MUTTER Richtig. Es geht nicht nach ihm.

DER JUNGE *heftiger schnitzend:* Nein.

Die Mutter gibt den Teig in den Backofen, wischt sich die Hände ab und nimmt ein Fischernetz zum Flicken vor.

DER JUNGE Ich habe Hunger.

DIE MUTTER Aber du hast etwas dagegen, daß dein Bruder Fische fängt.

DER JUNGE Weil das auch ich machen kann und Juan an die Front gehört.

DIE MUTTER Ich dachte, du wolltest auch dorthin?
Pause.

DER JUNGE Ob die Lebensmittelschiffe durch die englische Blockade kommen?

DIE MUTTER Ich habe jedenfalls kein Mehl mehr, wenn dieses Brot gebacken ist.

Der Junge schließt das Fenster.

DIE MUTTER Warum machst du das Fenster zu?

DER JUNGE Es ist jetzt neun Uhr.

DIE MUTTER Und?

DER JUNGE Um neun Uhr spricht dieser Hund wieder im Radio, und die Perez drehen ihren Apparat an.

DIE MUTTER *bittend:* Bitte, mach sofort das Fenster wieder auf! Du kannst nicht deutlich sehen, wenn wir herinnen Licht haben und das Fenster spiegelt.

DER JUNGE Warum soll ich hier sitzen und aufpassen? Er läuft dir nicht fort. Du hast ja nur Angst, daß er an die Front geht.

DIE MUTTER Sei nicht frech! Es ist traurig genug, daß ich auf euch aufpassen soll.

DER JUNGE Was heißt »euch«?

DIE MUTTER Du bist um kein Haar besser als dein Bruder. Eher schlechter.

DER JUNGE Sie drehen ihr Radio überhaupt nur unseretwegen an. Das ist schon der dritte Abend. Gestern habe ich gesehen, wie sie eigens das Fenster aufmachten, damit wir es hören müssen.

DIE MUTTER Diese Reden sind nicht anders als die, die sie in Valencia halten.

DER JUNGE Sag doch gleich, sie sind besser!

DIE MUTTER Du weißt, daß ich sie nicht besser finde. Warum soll ich für die Generäle sein? Ich bin dagegen, daß Blut vergossen wird.

DER JUNGE Wer hat damit angefangen? Vielleicht wir?

Die Mutter schweigt. Der Junge hat das Fenster wieder geöffnet. Man hört von weitem eine Radioansage: »Achtung, Achtung! Hier spricht seine Exzellenz der General Queipo de Llano!« Dann kommt laut und scharf durch die Nacht die Stimme des Radiogenerals, der seine abendliche Rede an das spanische Volk hält.

STIMME DES GENERALS Heute oder morgen, meine Freunde, werden wir mit Ihnen ein ernstes Wort zu reden haben. Und wir werden es in Madrid sprechen, dieses Wort, wenn da vielleicht auch, was da um uns herumstehen wird, nicht mehr aussehen wird wie Madrid. Und der Herr Erzbischof von Canterbury wird seine Krokodilstränen mit Grund vergießen. Unsere braven Mauren werden Abrechnung halten!

DER JUNGE Schwein!

STIMME DES GENERALS Meine Freunde, das sogenannte britische Weltreich, dieser Koloß auf tönernen Füßen, wird uns nicht abhalten, die Hauptstadt eines perversen Volkes zu vernichten, das der unwiderstehlichen nationalen Sache die Stirn zu bieten wagt. Wir werden dieses Gesindel von der Erde wegwischen.

DER JUNGE Das sind nämlich wir, Mutter.

DIE MUTTER Wir sind keine Aufrührer, und wir bieten niemandem die Stirn. Wenn es nach euch ginge, tätet ihr vielleicht so etwas. Du und dein Bruder, ihr seid leichtsinnig von Natur. Ihr habt es von eurem Vater, und ich würde es vielleicht nicht mögen, wenn ihr anders wärt. Aber das hier ist kein Spaß: hörst du nicht ihre Kanonen? Wir sind arme Leute, und arme Leute können nicht Krieg führen.

Es klopft. Herein tritt der Arbeiter Pedro Jaquéras, Teresa Carrars Bruder. Man sieht, daß er einen langen Weg hinter sich hat.

DER ARBEITER Guten Abend!

DER JUNGE Onkel Pedro!

DIE MUTTER Was führt dich hierher, Pedro? *Sie gibt ihm die Hand.*
DER JUNGE Kommst du von Motril, Onkel Pedro? Wie ist es dort?
DER ARBEITER Oh, nicht so gut. Wie geht es euch hier?
DIE MUTTER *zurückhaltend:* Es geht.
DER JUNGE Bist du heute dort weggegangen?
DER ARBEITER Ja.
DER JUNGE Das sind gute vier Stunden, nicht?
DER ARBEITER Mehr, weil die Straßen so überfüllt sind mit den Flüchtlingen, die nach Almeria hineinwollen.
DER JUNGE Aber Motril hält sich?
DER ARBEITER Ich weiß nicht, was heute geschah. Gestern nacht hielten wir uns noch.
DER JUNGE Warum bist du denn weggegangen?
DER ARBEITER Wir brauchen allerhand für die Front. Ich dachte, ich sehe wieder einmal nach euch.
DIE MUTTER Willst du einen Schluck Wein haben? *Sie holt Wein.* Das Brot ist erst in einer halben Stunde fertig.
DER ARBEITER Wo ist denn Juan?
DER JUNGE Beim Fischfang.
DER ARBEITER Tatsächlich?
DER JUNGE Du kannst seine Lampe hier vom Fenster aus sehen.

DIE MUTTER Wir müssen leben.

DER ARBEITER Sicher. Als ich die Straße herunterkam, hörte ich den Radiogeneral. Wer hört sich den hier an?

DER JUNGE Das sind die Perez von gegenüber.

DER ARBEITER Drehen die immer bei solchen Sachen an?

DER JUNGE Nein. Sie sind keine Francoleute, sie machen es nicht für sich selber, wenn du das meinst.

DER ARBEITER So?

DIE MUTTER *zum Jungen:* Siehst du auch noch nach deinem Bruder?

DER JUNGE *geht widerwillig zum Fenster zurück:* Sei ruhig. Er ist dir nicht aus dem Boot gekippt.
Der Arbeiter nimmt den Weinkrug und setzt sich zu seiner Schwester, ihr beim Netzflicken helfend.

DER ARBEITER Wie alt ist Juan jetzt eigentlich?

DIE MUTTER Einundzwanzig im September.

DER ARBEITER Und José?

DIE MUTTER Hast du etwas Besonderes vor hier in der Gegend?

DER ARBEITER Nichts Besonderes.

DIE MUTTER Du bist lange nicht mehr hier gewesen.

DER ARBEITER Zwei Jahre.

DIE MUTTER Wie geht es Rosa?

DER ARBEITER Rheuma.

DIE MUTTER Ich dachte, ihr seht mal nach uns.
DER ARBEITER Rosa war vielleicht ein wenig verstimmt wegen Carlos Begräbnis.
Die Mutter schweigt.
DER ARBEITER Sie meinte, ihr hättet uns Mitteilung machen können. Wir wären natürlich gekommen zum Begräbnis deines Mannes, Teresa.
DIE MUTTER Es ging zu schnell.
DER ARBEITER Was war es denn?
Die Mutter schweigt.
DER JUNGE Es war ein Lungenschuß.
DER ARBEITER *erstaunt:* Wieso?
DIE MUTTER Was heißt »wieso«?
DER ARBEITER Aber hier war doch vor zwei Jahren alles ruhig?
DER JUNGE Aber in Oviedo war der Aufstand.
DER ARBEITER Aber wie kam Carlo denn nach Oviedo?
DIE MUTTER Er ist hingefahren.
DER ARBEITER Von hier?
DER JUNGE Ja, als der Aufstand in den Zeitungen stand.
DIE MUTTER *bitter:* So wie andere nach Amerika fahren, um alles auf eine Karte zu setzen. So wie es die Narren machen.
DER JUNGE *steht auf:* Willst du sagen, daß er ein Narr war?

Sie legt schweigend mit zitternden Händen das Netz beiseite und geht hinaus.

DER ARBEITER Es war sehr übel für sie, was?

DER JUNGE Ja.

DER ARBEITER Hat sie einen Schock bekommen, als sie ihn nicht mehr sah?

DER JUNGE Sie sah ihn noch, er kam zurück. Aber das war das Schlimmste von allem. Er kam oben in Asturien anscheinend noch irgendwie in einen Zug, einen Notverband auf der Brust unter dem Kittel, und fuhr hierher zurück. Zweimal mußte er umsteigen, und auf der Station hier starb er. Und hier ging abends plötzlich die Tür auf, und die Nachbarinnen kamen herein, wie wenn sie einen bringen, der ertrunken ist, stellten sich an den Wänden auf, ohne ein Wort, und plapperten den Englischen Gruß. Dann brachten sie ihn auf einer Plache herein und legten ihn auf den Fußboden. Und von da ab lief sie in die Kirche. Und der Lehrerin, von der man wußte, daß sie eine Rote war, hat sie die Tür gewiesen.

DER ARBEITER Ist sie wirklich fromm jetzt?

DER JUNGE *nickt:* Juan meint, es war hauptsächlich, weil die Leute in der Nachbarschaft über sie herumredeten.

DER ARBEITER Was redeten sie denn über sie?

DER JUNGE Sie hätte ihm zugeraten.

DER ARBEITER Und hat sie das?
Der Junge zuckt die Achseln.
Die Mutter kommt zurück, sieht nach dem Brot und setzt sich wieder an das Netz.
DIE MUTTER *zum Arbeiter, der ihr wieder helfen will:* Laß nur, trink lieber deinen Wein und ruh dich aus, wenn du seit früh auf den Beinen bist.
Der Arbeiter nimmt den Weinkrug und geht an den Tisch zurück.
DIE MUTTER Willst du hier übernachten?
DER ARBEITER Nein. Ich habe nicht soviel Zeit, ich muß heute noch zurück, aber ich werde mich waschen. *Er geht hinaus.*
DIE MUTTER *den Jungen zu sich heranwinkend:* Hat er dir gesagt, wozu er gekommen ist?
DER JUNGE Nein.
DIE MUTTER Wirklich nicht?
Der Arbeiter kommt zurück mit einer Waschschüssel und einem Handtuch; er wäscht sich.
DIE MUTTER Sind die alten Lopez noch am Leben?
DER ARBEITER Nur er. *Zum Jungen:* Es sind viele zur Front von hier, wie?
DER JUNGE Welche sind auch noch da.
DER ARBEITER Bei uns sind auch von den ganz Katholischen schon eine Menge dabei.
DER JUNGE Von hier auch einige.
DER ARBEITER Haben sie denn alle Gewehre?
DER JUNGE Nein. Nicht alle.

DER ARBEITER Das ist nicht gut. Gewehre sind jetzt das nötigste. Habt ihr nicht noch Gewehre im Dorf?

DIE MUTTER *schnell:* Nein!

DER JUNGE Es gibt schon noch Leute, die welche versteckt haben. Sie graben sie in die Erde wie Kartoffeln.

Die Mutter schaut den Jungen an.

DER ARBEITER So.

Der Junge geht schlendernd vom Fenster weg und verdrückt sich nach hinten.

DIE MUTTER Wo gehst du hin?

DER JUNGE Nirgends.

DIE MUTTER Geh an das Fenster zurück!

Der Junge bleibt verbissen im Hintergrund stehen.

DER ARBEITER Was ist denn los?

DIE MUTTER Warum läufst du denn vom Fenster weg? Du sollst mir antworten!

DER ARBEITER Ist jemand draußen?

DER JUNGE *heiser:* Nein.

Man hört Kinderstimmen von draußen plärren.

DIE KINDERSTIMMEN

Der Juan ist nicht Soldat
Weil er nicht Courage hat.
Der Juan, der feige Tropf
Zieht sich die Decke über den Kopf.

Drei Kindergesichter erscheinen im Fenster.

DIE KINDER Buh! *Sie laufen weg.*

DIE MUTTER *steht auf; zum Fenster:* Wenn ich euch erwische, schlage ich euch den Hintern blau, ihr dreckiges Gesindel! *Sie spricht ins Zimmer zurück:* Das sind wieder die Perez!
Pause.
DER ARBEITER Früher hast du Karten gespielt, José. Wie wäre es mit einem Spielchen?
Die Mutter setzt sich ans Fenster. Der Junge sucht die Spielkarten vor, und sie fangen an, Karten zu spielen.
DER ARBEITER Mogelst du noch?
DER JUNGE *lacht:* Hab ich das damals?
DER ARBEITER Mir war so. Dann will ich auf alle Fälle abheben. Also, alles erlaubt! Im Krieg gelten alle Tricks, wie?
Die Mutter schaut mißtrauisch auf.
DER JUNGE Das ist ein schlechter Trumpf.
DER ARBEITER Fein, daß du mir das sagst. – Oh, und jetzt hat er das Trumpfas! Geblufft hast du mich, aber war es nicht ein bißchen teuer? Die große Kanone hast du abgeschossen, und jetzt kommen meine kleinen Dinger. *Er drischt ihn nieder.* Das kommt davon! Kühnheit ist gut, mein Sohn. Kühn bist du schon, aber noch nicht vorsichtig.
DER JUNGE Wenn man nichts wagt, kann man auch nichts gewinnen.
DIE MUTTER Solche Sprüche haben sie von ihrem Vater. »Ein feiner Mann riskiert was.« Wie?

DER ARBEITER Ja, unsere Haut riskiert er. Don Miguel von Ferrante verspielte einmal siebzig Bauern auf einen Sitz an einen Oberst. Er war ruiniert, der Arme, und mußte den Rest seines Lebens mit zwölf Dienstboten auskommen. – Er spielt tatsächlich den blanken Zehner aus!

DER JUNGE Ich mußte so spielen. *Er steckt einen Stich ein.* Es war meine einzige Chance.

DIE MUTTER So sind sie. Sein Vater sprang aus dem Boot, wenn sich das Netz verfing.

DER ARBEITER Vielleicht hatte er nicht so viele Netze?

DIE MUTTER Er hatte auch nicht so viele Leben.

In der Tür steht ein Mann in der Uniform der Miliz mit verbundenem Kopf, den Arm in der Schlinge.

DIE MUTTER Komm nur herein, Paolo!

DER VERWUNDETE Sie sagten, ich kann wegen des Verbandes wiederkommen, Frau Carrar.

DIE MUTTER Er ist ja wieder ganz durch!

Sie läuft hinaus.

DER ARBEITER Wo hast du das erwischt?

DER VERWUNDETE Monte Solluve.

Die Mutter kommt zurück mit einem Hemd, das sie in Stücke reißt. Sie erneuert ihm den Verband, aber dabei behält sie immer die am Tisch im Auge.

DIE MUTTER Du hast doch wieder gearbeitet!

DER VERWUNDETE Nur mit dem rechten Arm.

DIE MUTTER Man hat dir doch gesagt, daß du das

nicht darfst.

DER VERWUNDETE Jaja. – Sie sagen, heute nacht bricht er durch. Wir haben keinen Ersatz mehr. Ist es möglich, daß er schon durch ist?

DER ARBEITER *unruhig:* Nein, das glaube ich nicht. Der Kanonendonner müßte sich da geändert haben.

DER VERWUNDETE Das ist richtig!

DIE MUTTER Tu ich dir weh? Du muß es sagen. Ich bin keine gelernte Pflegerin. Ich mache es, so leicht ich kann.

DER JUNGE Vor Madrid kommen sie nicht durch.

DER VERWUNDETE Das weiß man nicht.

DER JUNGE Doch, das weiß man.

DER VERWUNDETE Gut. Aber Sie haben ja wieder ein ganzes Hemd zusammengerissen, Frau Carrar! Das hätten Sie nicht tun sollen.

DIE MUTTER Willst du, daß ich dir einen Aufwischlappen umbinde?

DER VERWUNDETE Aber ihr habt es doch auch nicht so dick.

DIE MUTTER Solange ich habe, habe ich. So, für deinen andern Arm würde es aber nicht mehr reichen.

DER VERWUNDETE *lacht:* Da muß ich mich also das nächste Mal besser vorsehen! *Steht auf; zum Arbeiter:* Wenn sie nur nicht durchkommen, die Hunde! *Er geht.*

DIE MUTTER Dieser Kanonendonner!

DER JUNGE Und wir gehen fischen.

DIE MUTTER Seid froh, daß ihr eure graden Glieder noch habt.

Man hört draußen, an- und abschwellend, Lärm von Lastwagen und Singen. Der Arbeiter und der Junge treten ans Fenster und blicken hinaus.

DER ARBEITER Das sind die Internationalen Brigaden. Sie werden jetzt nach Motril an die Front geworfen.

Der Refrain der »Thälmannkolonne« klingt auf: »Die Heimat ist weit . . .«

DER ARBEITER Das sind die Deutschen.

Man hört einige Takte der Marseillaise.

DER ARBEITER Die Franzosen.

Die Warschawjanka.

DER ARBEITER Polen.

Bandiera rossa.

DER ARBEITER Die Italiener.

Hold the Fort.

DER ARBEITER Amerikaner.

Los cuatros generales.

DER ARBEITER Und das sind Unsere.

Lastwagenlärm und Lieder verklingen. Der Arbeiter und der Junge gehen wieder zum Tisch.

DER ARBEITER Auf heute nacht kommt es an. – Ich muß eigentlich wirklich abhauen. Das war die letzte, José.

DIE MUTTER *an den Tisch kommend:* Wer hat denn gewonnen?

DER JUNGE *stolz:* Er.

DIE MUTTER Soll ich dir also kein Bett machen?

DER ARBEITER Nein, ich muß weg. *Er bleibt aber sitzen.*

DIE MUTTER Du mußt Rosa grüßen. Und sie soll nicht nachtragen. Wir wissen ja alle nicht, was noch wird.

DER JUNGE Ich bringe dich ein Stück.

DER ARBEITER Das ist nicht nötig.

Die Mutter schaut stehend zum Fenster hinaus.

DIE MUTTER Du hättest wohl Juan gern noch gesehen?

DER ARBEITER Ja, das hätte ich gern. Er wird nur nicht so bald zurückkommen, wie?

DIE MUTTER Er ist ziemlich weit draußen. Er muß fast am Kap sein. *Ins Zimmer zurück:* Wir könnten ihn holen.

In der Tür erscheint ein junges Mädchen.

DER JUNGE Guten Tag, Manuela! *Leise zu dem Arbeiter:* Das ist Juans Freundin, Manuela. *Zu dem jungen Mädchen:* Das ist Onkel Pedro.

DAS JUNGE MÄDCHEN Wo ist Juan?

DIE MUTTER Juan arbeitet.

DAS JUNGE MÄDCHEN Wir dachten, Sie haben ihn in den Kindergarten geschickt, Ball spielen.

DIE MUTTER Nein, er ist fischen gegangen. Juan

ist Fischer.

DAS JUNGE MÄDCHEN Warum ist er nicht zu der Versammlung ins Schulhaus gekommen? Dort waren auch Fischer.

DIE MUTTER Er hat dort nichts verloren.

DER JUNGE Was war das für eine Versammlung?

DAS JUNGE MÄDCHEN Es wurde beschlossen, daß alle, die abkommen können, noch heute nacht an die Front sollen. Aber ihr wußtet ja, worum es ging. Wir haben Juan ja verständigt.

DER JUNGE Das kann nicht sein! Dann wäre Juan nie fischen gegangen! Oder haben sie es dir gesagt, Mutter?

Die Mutter schweigt.

Sie ist ganz in den Backofen gekrochen.

DER JUNGE Sie hat es ihm einfach nicht ausgerichtet! *Zur Mutter:* Jetzt weiß ich auch, warum du ihn fischen geschickt hast!

DER ARBEITER So etwas solltest du nicht machen, Teresa.

DIE MUTTER *sich aufrichtend:* Gott hat den Menschen Berufe gegeben. Mein Sohn ist Fischer.

DAS JUNGE MÄDCHEN Sie wollen uns wohl lächerlich machen im ganzen Ort? Wo ich hinkomme, deutet man mit Fingern auf mich. Der Name Juan macht mich schon krank. Was seid ihr denn überhaupt für Leute hier?

DIE MUTTER Wir sind arme Leute.

DAS JUNGE MÄDCHEN Die Regierung hat alle kampffähigen Männer aufgefordert, sich unter Gewehr zu stellen. Behaupten Sie nicht, daß Sie das nicht gelesen haben!

DIE MUTTER Ich habe es gelesen. Regierung hin und Regierung her. Wir sollen auf den Schindanger geworfen werden. Aber deswegen fahre ich jedenfalls nicht meine Kinder freiwillig mit dem Schubkarren auf den Schindanger.

DAS JUNGE MÄDCHEN Nein! Sie warten, bis man sie an die Mauer abholt. Solch eine Dummheit habe ich noch nicht gesehen. Leute wie Sie sind schuld daran, daß es soweit gekommen ist und daß dieses Schwein Llano es wagen kann, so zu uns zu reden.

DIE MUTTER *schwach:* Ich dulde nicht, daß man in meinem Hause solche Ausdrücke gebraucht.

DAS JUNGE MÄDCHEN *außer sich:* Ist sie jetzt glücklich schon für die Generäle!

DER JUNGE *etwas ungeduldig:* Nein! Aber sie will nicht, daß wir kämpfen.

DER ARBEITER Neutral bleiben, was?

DIE MUTTER Ich weiß, ihr wollt aus meinem Haus ein Verschwörernest machen. Vor Sie Juan nicht an der Wand stehen sehen, geben Sie nicht Ruhe!

DAS JUNGE MÄDCHEN Und von Ihnen hat es geheißen, daß Sie Ihrem Mann geholfen haben, als er nach Oviedo ging.

DIE MUTTER *leise:* Halten Sie den Mund! Ich habe meinem Mann nicht geholfen! Nicht zu so was! Ich weiß, daß man mir das anhängt, aber es ist alles Lüge! Nichts als schmutzige Lügen! Das kann jedermann bezeugen.

DAS JUNGE MÄDCHEN Das heißt nicht, jemand etwas anhängen, Frau Carrar. Man hat das nur in tiefstem Respekt gesagt. Wir alle wußten im Ort, daß Carlo Carrar ein Held war. Aber er mußte sich dazu wohl nachts aus dem Haus schleichen, das wissen wir jetzt.

DER JUNGE Mein Vater hat sich nicht nachts aus dem Haus geschlichen, Manuela.

DIE MUTTER Du hältst den Mund, José.

DAS JUNGE MÄDCHEN Sagen Sie Ihrem Sohn, ich will mit ihm nichts mehr zu tun haben. Und er braucht keinen Bogen mehr um mich zu machen aus Angst, ich könnte ihn fragen, wieso er immer noch nicht dort ist, wo er hingehört. *Sie geht.*

DER ARBEITER Du hättest das Mädchen nicht so weggehen lassen sollen. Das hättest du früher nicht gemacht, Teresa.

DIE MUTTER Ich bin, wie ich immer war. Wahrscheinlich haben sie Wetten abgeschlossen, daß sie Juan an die Front hinausbringen. Ich will ihn überhaupt holen. Oder hol du ihn, José!

Nein, warte, ich gehe doch selber. Aber ich bin gleich wieder zurück. *Ab.*

DER ARBEITER Sag mal, José, du gehörst doch nicht zu den Dümmsten, und man muß dir nicht alles lang und breit auseinandersetzen. Also wo sind sie?

DER JUNGE Was?

DER ARBEITER Die Gewehre!

DER JUNGE Vaters?

DER ARBEITER Die müssen doch noch da sein. Er kann doch in die Eisenbahn nicht mit so einem Ding eingestiegen sein, als er abfuhr.

DER JUNGE Bist du die holen gekommen?

DER ARBEITER Was sonst?

DER JUNGE Sie wird sie nie herausgeben. Sie hat sie versteckt.

DER ARBEITER Wo?

Der Junge zeigt in eine Ecke. Der Arbeiter steht auf und will eben hingehen, als sie Tritte hören.

DER ARBEITER *setzt sich schnell wieder:* Still jetzt!

Die Mutter kommt mit dem Ortsgeistlichen herein. Er ist ein großer, starker Mann in sehr abgetragenem Rock.

DER PADRE Guten Abend, José! *Zum Arbeiter:* Guten Abend.

DIE MUTTER Das ist mein Bruder aus Motril, Padre.

DER PADRE Ich freue mich, Ihre Bekanntschaft zu

machen. *Zu der Mutter:* Ich muß Sie wirklich um Entschuldigung bitten, daß ich schon wieder mit einem Anliegen komme. Wenn Sie morgen mittag nach den Turillos sehen könnten? Dort sind die Kinder jetzt auch allein, da die Turillo zu ihrem Mann an die Front gegangen ist.

DIE MUTTER Das tue ich sehr gern.

DER PADRE *zum Arbeiter:* Was führt Sie in diese Gegend? Ich habe gehört, die Verbindung soll schon sehr schwierig sein von Motril nach hier?

DER ARBEITER Hier ist es ja noch sehr ruhig, wie?

DER PADRE Wie bitte? Ja.

DIE MUTTER Ich glaube, Pedro, der Padre hat dich was gefragt. Was dich hierherführt?

DER ARBEITER Ich dachte, ich sehe mal wieder nach meiner Schwester.

DER PADRE *sieht aufmunternd die Mutter an:* Das ist schön, daß Sie nach Ihrer Schwester sehen. Wie Sie vielleicht schon bemerkt haben, hat sie es nicht leicht.

DER ARBEITER Hoffentlich haben Sie ein gutes Pfarrkind an ihr.

DIE MUTTER Sie müssen einen Schluck Wein nehmen. Der Padre kümmert sich um die Kinder, wo die Eltern an die Front gegangen sind. Sicher sind Sie wieder den ganzen Tag herumgelaufen? *Sie stellt dem Padre einen Krug Wein hin.*

DER PADRE *setzt sich, nimmt den Krug:* Ich möchte nur wissen, wer mir meine Schuhe ersetzen wird.

In diesem Augenblick beginnt das Perezsche Radio wieder. Die Mutter will das Fenster schließen.

DER PADRE Lassen Sie nur das Fenster offen, Frau Carrar! Sie haben mich hereingehen sehen. Sie nehmen mir übel, daß ich nicht auf die Barrikade gehe, und da lassen sie mich ab und zu eine solche Rede hören.

DER ARBEITER Stört es Sie sehr?

DER PADRE Ja, offen gesagt. Aber lassen Sie das Fenster ruhig auf.

STIMME DES GENERALS ... aber man kennt ja diese verdammten Lügen, mit denen diese Herren die nationale Sache zu besudeln suchen. Wir bezahlen ja den Herrn Erzbischof von Canterbury vielleicht nicht so gut wie die Roten, aber dafür könnten wir ihm die zehntausend toten Priester nennen, denen seine verehrten Freunde die Gurgeln durchgeschnitten haben. Dieser Herr mag es sich gesagt sein lassen, auch wenn kein Scheck beiliegt, daß die nationale Armee bei ihrem siegreichen Vormarsch wohl Bomben und Gewehrmagazine die Fülle, aber noch nie einen am Leben gebliebenen Priester vorgefunden hat.

Der Arbeiter reicht dem Padre sein Zigarettenpäck-

chen. Der Padre nimmt sich lächelnd eine Zigarette heraus, obwohl er kein Raucher ist.

STIMME DES GENERALS Es ist nur gut, daß die gerechte Sache auch ohne die Herren Erzbischöfe, solange sie sich dafür auf gute Aeroplane stützen kann, zu siegen versteht. Auf solche Männer wie General Franco, General Mola . . . *Die Darbietung bricht brüsk ab.*

DER PADRE *gutmütig:* Gott sei Dank halten die Perez mehr als drei Sätze davon selber nicht durch! Ich meine, solche Reden können keinen guten Eindruck machen.

DER ARBEITER Wir hören allerdings, daß der Vatikan selber solche Lügen in die Welt setzen soll.

DER PADRE Das weiß ich nicht. *Unglücklich:* Meiner Meinung nach ist es nicht Sache der Kirche, aus Schwarz Weiß und aus Weiß Schwarz zu machen.

DER ARBEITER *auf den Jungen schauend:* Sicher nicht.

DIE MUTTER *schnell:* Mein Bruder kämpft bei der Miliz, Padre.

DER PADRE Von welchem Frontabschnitt kommen Sie?

DER ARBEITER Malaga.

DER PADRE Es ist schrecklich dort, wie?

Der Arbeiter raucht schweigend.

DIE MUTTER Mein Bruder hält mich nicht für eine

gute Spanierin. Er meint, ich solle Juan an die Front lassen.

DER JUNGE Und mich auch! Da gehören wir hin!

DER PADRE Sie wissen, Frau Carrar, daß ich Ihre Haltung nach bestem Wissen und Gewissen für eine gerechtfertigte halte. Der niedrige Klerus unterstützt in vielen Gegenden die gesetzmäßige Regierung. Von den achtzehn Diözesen Bilbaos haben sich siebzehn für die Regierung erklärt. Nicht wenige meiner Amtsbrüder wirken an der Front. Einige sind schon gefallen. Aber ich selber bin in keiner Weise ein Kämpfer. Gott hat mir nicht die Gabe verliehen, meine Pfarrkinder laut und vernehmlich zum Kampf für – *er sucht ein Wort* – irgend etwas aufzurufen. Für mich gilt das Wort unseres Herrn: Du sollst nicht töten! Ich bin kein reicher Mann. Ich besitze kein Kloster und teile mit meiner Gemeinde das wenige. Das ist vielleicht das einzige, was meinen Worten in einer solchen Zeit einigen Nachdruck verleihen kann.

DER ARBEITER Sicher. Nur ist es die Frage, ob Sie kein Kämpfer sind. Sie müssen mich verstehen. Wenn Sie zum Beispiel einem Mann, der gerade getötet werden soll und sich verteidigen will, mit dem Wort in den Arm fallen: Du sollst nicht töten!, so daß er wie ein Huhn abgeschlachtet werden kann, dann nehmen Sie vielleicht an diesem Kampf doch teil, ich meine, in Ihrer Weise. Ich denke, Sie entschuldigen es, wenn ich das sage.

DER PADRE Vorläufig nehme ich am Hungern teil.

DER ARBEITER Und wie meinen Sie, daß wir wieder zu unserem täglichen Brot kommen, um das Sie im Vaterunser bitten?

DER PADRE Das weiß ich nicht, ich kann nur bitten.

DER ARBEITER Dann wird es Sie interessieren, daß Gott die Lebensmittelschiffe gestern nacht wieder umkehren ließ.

DER JUNGE Ist das wahr? – Mutter, die Schiffe sind umgekehrt!

DER ARBEITER Ja, das ist die Neutralität. *Plötzlich:* Sie sind ja auch neutral?

DER PADRE Wie meinen Sie das?

DER ARBEITER Nun, für Nichteinmischung! Und indem Sie für Nichteinmischung sind, billigen Sie im Grund jedes Blutbad, das diese Herren Generäle unter dem spanischen Volk anrichten.

DER PADRE *seine Hände abwehrend in Kopfhöhe erhebend:* Ich billige es nicht!

DER ARBEITER *schaut ihn mit halbgeschlossenen Augen an:* Lassen Sie Ihre Hände einen Augenblick oben. In dieser Haltung sollen fünftausend von uns in Badajoz aus den belagerten Häusern getreten sein. Sie wurden in eben dieser Haltung niedergeschossen.

DIE MUTTER Wie kannst du so sprechen, Pedro?

DER ARBEITER Es fiel mir nur auf, daß die Haltung, mit der man etwas mißbilligt, so schrecklich der Haltung gleicht, mit der man kapituliert, Teresa. Ich habe oft gelesen, daß die Leute, die ihre Hände in Unschuld waschen, dies in blutigen Schüsseln tun. Man sieht es den Händen danach an.

DIE MUTTER Pedro!

DER PADRE Lassen Sie nur, Frau Carrar. Die Geister sind hitzig in solchen Zeiten. Wir alle werden wieder ruhiger denken, wenn dies vorüber sein wird.

DER ARBEITER Ich denke, wir sollen vom Erdboden weggewischt werden, weil wir ein perverses Volk sind?

DER PADRE Wer sagt so etwas?

DER ARBEITER Der Radiogeneral. Haben Sie es nicht gehört vorhin? Sie hören immer noch zu wenig Radio.

DER PADRE *verächtlich:* Ach, der General . . .

DER ARBEITER Sagen Sie nicht: Ach, der General! Der General hat den ganzen Abschaum Spaniens gemietet, uns vom Erdboden wegzuwischen, von den Mauren, Italienern und Deutschen ganz abgesehen.

DIE MUTTER Das ist auch eine Schande, daß sie diese Leute hereinholen, die es nur für Geld machen.

DER PADRE Sie glauben nicht, daß auch auf der anderen Seite ehrlich überzeugte Menschen stehen könnten?

DER ARBEITER Ich weiß nur nicht, wovon sie überzeugt sein könnten.

Pause.

DER PADRE *zieht seine Uhr:* Ich muß noch zu den Turillos hinübersehen.

DER ARBEITER Denken Sie nicht, die Kammer der Abgeordneten, in der die Regierung eine solche Mehrheit hatte, ist nach ehrlichen Spielregeln gewählt worden?

DER PADRE Das glaube ich.

DER ARBEITER Ich sagte vorhin, wenn man einem Mann, der sich verteidigt, in den Arm fällt – das meinte ich wörtlich, wir haben tatsächlich nicht viel mehr als unsere bloßen Arme . . .

DIE MUTTER *unterbricht ihn:* Du solltest nicht wieder davon anfangen, es hat keinen Sinn.

DER PADRE Der Mensch ist mit bloßen Armen geboren, wie wir alle wissen. Der Schöpfer läßt ihn nicht mit einer Waffe in der Hand aus dem Mutterschoß hervorgehen. Ich kenne die Doktrin, nach der alles Elend der Welt davon kommen soll, daß der Fischer und der Arbeiter – ich denke, Sie sind Arbeiter – nur seine bloßen Arme hat, um sich seinen Lebensunterhalt zu erkämpfen. Aber es steht nirgends in der Schrift, daß diese Welt eine vollkommene Welt ist. Sie ist im Gegenteil voll von Elend, Sünde und Unterdrückung. Wohl dem, der, wenn er schon zu seinem Leidwesen unbewaffneten Arms auf diese Welt geschickt wurde, sie doch wenigstens ohne Waffen in der Hand verlassen konnte.

DER ARBEITER Das ist schön gesagt. Und ich will nichts dagegen sagen, wenn etwas schön klingt. Ich wollte, es machte auf den General Franco einen Eindruck. Das Schlimme ist, daß der General Franco, bewaffnet bis an die Zähne, wie er ist, so gar keine Neigung zeigt, aus der Welt zu gehen. Wir würden ihm alle Waffen Spaniens nachwerfen, wenn er nur aus der Welt ginge. Seine Flieger werfen uns da ein Flugblatt herunter, ich habe es heute in Motril auf der Straße aufgelesen. *Er zieht ein Flugblatt aus der Tasche. Der Padre, die Mutter und der Junge schauen es sich an.*

DER JUNGE *zur Mutter:* Siehst du, hier sagen sie wieder, daß sie alles vernichten werden.

DIE MUTTER *lesend:* Das können sie ja gar nicht.

DER ARBEITER Doch, die können. Was meinen Sie, Padre?

DER JUNGE Ja.

DER PADRE *unsicher:* Ich meine, daß sie technisch vielleicht in der Lage sein würden. Aber wenn ich Frau Carrar richtig verstanden habe, dann meint sie, daß dies nicht nur eine Frage der Aeroplane für sie ist. Sie mögen hier in dieser Art Flugblätter damit drohen, um der Bevölkerung den Ernst der Lage vor Augen zu führen, aber es ist etwas anderes, eine solche Drohung aus militärischen Gründen auszuführen.

DER ARBEITER Ich kann Sie nicht ganz verstehen.

DER JUNGE Ich auch nicht.

DER PADRE *noch unsicherer:* Ich denke, ich sprach deutlich.

DER ARBEITER Ihre Sätze sind deutlich, aber Ihre Meinung ist für mich und José nicht ganz deutlich. Meinen Sie, daß sie nicht bombardieren werden?

Kleine Pause.

DER PADRE Ich halte es für eine Drohung.

DER ARBEITER Die nicht ausgeführt wird?

DER PADRE Nein.

DIE MUTTER Wie ich es lese, wollen sie gerade Blutvergießen vermeiden, indem sie uns warnen, die Hände gegen sie zu erheben.

DER JUNGE Generäle und Blutvergießen vermeiden!

DIE MUTTER *ihm das Flugblatt hinhaltend:* Sie schreiben doch hier: Wer die Waffen niederlegt, den verschonen sie.

DER ARBEITER Dann will ich noch eine andere Frage an Sie richten, Padre: Glauben Sie, daß verschont werden wird, wer die Waffen niederlegt?

DER PADRE *blickt sich hilfesuchend um:* Es heißt, daß General Franco selber immer unterstreicht, daß er Christ ist.

DER ARBEITER Das bedeutet, daß er sein Versprechen halten wird?

DER PADRE *mit Heftigkeit:* Er muß es halten, Herr Jaquéras!

DIE MUTTER Dem, der nicht kämpft, kann nichts geschehen.

DER ARBEITER Herr Padre – *entschuldigend* –, ich weiß Ihren Namen nicht...

DER PADRE Francisco.

DER ARBEITER *fährt fort:* ... Francisco, ich wollte Sie eigentlich nicht fragen, was Ihrer Meinung nach der General Franco tun m u ß, sondern was er Ihrer Meinung nach tun wird. Sie verstehen meine Frage?

DER PADRE Ja.

DER ARBEITER Sie verstehen, daß ich Sie als Christen frage, oder sollen wir sagen: als einen

Mann, der selber kein Kloster besitzt, wie Sie es ausgedrückt haben, und der die Wahrheit sagen wird, wenn es um Leben und Tod geht. Denn darum geht es, nicht wahr?

DER PADRE *sehr unruhig:* Ich verstehe Sie.

DER ARBEITER Vielleicht kann ich Ihnen Ihre Antwort erleichtern, indem ich Sie an die Geschehnisse von Malaga erinnere.

DER PADRE Ich weiß, was Sie meinen. Aber sind Sie sicher, daß in Malaga keine Gegenwehr vorlag?

DER ARBEITER Sie wissen, daß fünfzigtausend flüchtende Männer, Frauen und Kinder auf der zweihundertzwanzig Kilometer langen Landstraße nach Almeria von den Geschützen der Schiffe und von den Bomben und Maschinengewehren der Fluggeschwader Francos niedergemäht wurden!

DER PADRE Das könnte eine Greuelnachricht sein.

DER ARBEITER Wie die von den erschossenen Priestern?

DER PADRE Wie die von den erschossenen Priestern.

DER ARBEITER Sie wurden also nicht niedergemäht?

Der Padre schweigt.

DER ARBEITER Frau Carrar und ihre Söhne erheben nicht die Hand gegen den General Franco. Frau Carrar und ihre Söhne sind also sicher?

DER PADRE Nach menschlichem Ermessen...

DER ARBEITER Ja? Nach menschlichem Ermessen?

DER PADRE *aufgeregt:* Sie wollen doch nicht, daß ich eine Garantie übernehmen soll?

DER ARBEITER Nein. Sie sollen nur Ihre wirkliche Meinung sagen. Sind Frau Carrar und ihre Söhne sicher?

Der Padre schweigt.

DER ARBEITER Ich denke, wir verstehen Ihre Antwort. Sie sind ein ehrlicher Mann.

DER PADRE *verwirrt aufstehend:* Also, Frau Carrar, dann kann ich damit rechnen, daß Sie nach den Turilloschen Kindern sehen?

DIE MUTTER *ebenfalls sehr betroffen:* Ich bringe ihnen auch zu essen mit. Und danke für Ihren Besuch.

Der Padre geht, dem Arbeiter und dem Jungen zunickend, hinaus. Die Mutter begleitet ihn.

DER JUNGE Da hast du gehört, was sie ihr immer einreden! Aber geh nicht ohne die Gewehre fort.

DER ARBEITER Wo sind sie? Schnell!

Sie gehen nach hinten, schieben eine Truhe vor und reißen die Diele auf.

DER JUNGE Aber sie kommt doch gleich zurück!

DER ARBEITER Wir stellen die Gewehre vor das Fenster. Von da nehme ich sie dann weg.
Sie nehmen eilig die Gewehre aus einem Holzkasten. Eine kleine zerschlissene Fahne, in die sie eingewickelt waren, fällt zu Boden.
DER JUNGE Da ist ja noch die kleine Fahne von damals! Ich wundere mich, daß du so ruhig dasitzen konntest, wo es so eilig ist.
DER ARBEITER Ich mußte die Dinger haben.
Beide probieren die Gewehre aus. Der Junge zieht plötzlich eine Mütze, die Mütze der Miliz, aus der Tasche und setzt sie sich triumphierend auf.
DER ARBEITER Wo hast du denn die her?
DER JUNGE Eingetauscht. *Mit einem scheuen Blick zur Tür steckt er sie wieder in die Tasche.*
DIE MUTTER *die wieder eingetreten ist:* Legt die Gewehre zurück! Bist du deshalb gekommen?
DER ARBEITER Ja, wir brauchen sie, Teresa. Wir können die Generäle nicht mit den Händen aufhalten.
DER JUNGE Jetzt hast du es doch vom Padre selber gehört, wie es steht.
DIE MUTTER Wenn du nur hier bist, um die Gewehre zu kriegen, dann brauchst du nicht mehr zu warten. Und wenn ihr uns nicht in Ruhe laßt in diesem Haus, dann nehme ich meine Kinder und laufe weg.
DER ARBEITER Teresa, hast du dir unser Land auf

der Karte angesehen? Wir leben wie auf einem zerbrochenen Teller. Wo die Bruchlinie ist, ist das Wasser, und am Tellerrand stehen die Geschütze. Und über uns sind die Bombenflieger. Wo willst du hinlaufen, außer in die Kanonen hinein?

Sie geht auf ihn zu, nimmt ihm die Gewehre aus der Hand und trägt sie in den Armen weg.

DIE MUTTER Ihr könnt die Gewehre nicht haben, Pedro!

DER JUNGE Du mußt sie ihm geben, Mutter! Hier verdrecken sie doch nur!

DIE MUTTER Du bist still, José! Was weißt denn du?

Der Arbeiter hat sich ruhig wieder auf seinen Stuhl gesetzt und zündet sich eine Zigarette an.

DER ARBEITER Teresa, du hast kein Recht, Carlos Gewehre zurückzuhalten.

DIE MUTTER *die Gewehre einpackend:* Recht oder nicht Recht: ich gebe sie euch nicht! Ihr könnt mir hier nicht meinen Fußboden aufreißen und gegen meinen Willen etwas aus meinem Haus wegnehmen.

DER ARBEITER Das ist nicht unbedingt etwas, was ins Haus gehört. Ich will dir vor deinem Jungen nicht sagen, was ich über dich denke, und wir wollen auch nicht davon reden, was dein Mann über dich denken würde. Er hat gekämpft. Ich nehme an, daß du vor Furcht um deine Jungens den Kopf verloren hast. Aber darum können wir uns natürlich nicht kümmern.

DIE MUTTER Was soll das heißen?

DER ARBEITER Das heißt, daß ich ohne die Gewehre nicht weggehe. Da kannst du sicher sein.

DIE MUTTER Dann mußt du mich niederschlagen.

DER ARBEITER Das werde ich nicht. Ich bin nicht der General Franco. Ich werde nur mit Juan reden. Da kriege ich sie wohl.

DIE MUTTER *schnell:* Juan kommt nicht zurück.

DER JUNGE Du hast ihn ja selber gerufen!

DIE MUTTER Ich habe ihn nicht gerufen. Ich will nicht, daß er dich sieht, Pedro.

DER ARBEITER Ich dachte mir so was. Aber ich habe ja auch noch eine Stimme. Ich kann ans Wasser hinuntergehen und zu ihm hinausrufen. Ein Satz genügt, Teresa; ich kenne Juan. Er ist kein Feigling. Du kannst ihn nicht halten.

DER JUNGE Und ich gehe auch mit.

DIE MUTTER *sehr ruhig:* Laß meine Kinder in Ruhe, Pedro! Ich habe ihnen gesagt, daß ich mich aufhängen werde, wenn sie gehen. Ich weiß, daß das vor Gott eine Sünde ist und die ewige Verdammnis nach sich zieht. Aber ich kann nicht anders handeln. Als Carlo starb, so starb, ging ich zum Padre, sonst hätte ich mich damals schon aufgehängt. Ich wußte ganz gut, daß ich mit schuld war, obgleich er selber der Schlimmste war mit seiner Heftigkeit und seinem Hang zur Gewalttätigkeit. Wir haben es nicht so gut, und es ist nicht so leicht, dieses Leben zu ertragen. Aber es geht nicht mit dem Gewehr. Das sah ich, als sie ihn hereinbrachten und ihn mir auf den Boden legten. Ich bin nicht für die Generäle, und es ist eine Schande, das von mir zu sagen. Aber wenn ich mich still verhalte und meine Heftigkeit bekämpfe, dann lassen sie uns vielleicht verschont. Das ist eine einfache Rechnung. Es ist wenig genug, was ich verlange. Ich will diese Fahne nicht mehr sehen. Wir sind unglücklich genug.

Sie geht still zu der kleinen Fahne, nimmt sie hoch und zerreißt sie. Dann, sogleich, bückt sie sich und sammelt die Fetzen wieder auf, sie in die Tasche steckend.

DER ARBEITER Es wäre besser, wenn du dich aufhängtest, Teresa.

Es klopft und herein kommt Frau Perez, eine alte Frau in Schwarz.

DER JUNGE *zum Arbeiter:* Die alte Frau Perez.
DER ARBEITER *halblaut:* Was sind das für Leute?
DER JUNGE Gute Leute. Die mit dem Radio. Ihre Tochter ist vorige Woche an der Front gefallen.
DIE ALTE FRAU PEREZ Ich habe gewartet, bis ich den Padre weggehen sah, wissen Sie. Ich

dachte, ich sehe einmal herein wegen meiner Leute. Ich wollte Ihnen sagen, daß ich es nicht richtig finde, wenn sie Ihnen wegen Ihrer Ansichten Schwierigkeiten machen.

Die Mutter schweigt.

DIE ALTE FRAU PEREZ *die sich gesetzt hat:* Sie haben Angst um Ihre Kinder, Frau Carrar. Die Leute denken immer nicht daran, wie schwierig es ist, Kinder großzuziehen in diesen Zeiten. Ich habe sieben geboren. *Sie wendet sich ein wenig auch an den Arbeiter, mit dem sie nicht bekannt gemacht worden ist:* Es sind nicht mehr so viele übriggeblieben davon, jetzt, nachdem Inez fiel. Zwei bekam ich überhaupt nicht über fünf. Das waren die Hungerjahre von achtundneunzig und neunundneunzig. Von Andrea weiß ich gar nicht, wo er ist. Er schrieb zuletzt aus Rio. Das ist in Südamerika. Mariana ist ja in Madrid. Sie klagt auch sehr. Sie ist nie die Stärkste gewesen. Wir Alten bilden uns ja immer ein, daß alles, was nach uns kam, ein wenig kümmerlicher ausgefallen ist.

DIE MUTTER Aber Fernando haben Sie auch noch.

DIE ALTE FRAU PEREZ Ja.

DIE MUTTER *verwirrt:* Entschuldigen Sie, ich wollte Sie nicht kränken.

DIE ALTE FRAU PEREZ *ruhig:* Sie müssen sich nicht entschuldigen. Ich weiß, daß Sie mich nicht kränken wollten.

DER JUNGE *leise zum Arbeiter:* Der ist bei Franco.

DIE ALTE FRAU PEREZ *still:* Wir reden nicht mehr von Fernando. *Nach einer kleinen Pause:* Wissen Sie, Sie können meine Leute nicht verstehen, wenn Sie nicht einrechnen, daß wir alle über Inez' Tod sehr bekümmert sind.

DIE MUTTER Wir alle haben Inez ja sehr gern gehabt. *Zum Arbeiter:* Sie hat Juan das Lesen beigebracht.

DER JUNGE Mir auch.

DIE ALTE FRAU PEREZ Man meint ja von Ihnen, daß Sie für die andere Seite sind. Aber da widerspreche ich immer. Unsereiner weiß, was der Unterschied zwischen arm und reich ist.

DIE MUTTER Ich will nicht, daß meine Kinder Soldaten werden. Sie sind kein Schlachtvieh.

DIE ALTE FRAU PEREZ Wissen Sie, Frau Carrar, ich sage immer: Für arme Leute gibt es keine Lebensversicherung. Das heißt, es trifft sie so und so. Diejenigen, die es trifft, das nennt man eben die armen Leute. Die armen Leute, Frau Carrar, rettet keine Vorsicht. Unsere Inez war immer gerade das zurückhaltendste von unseren Kindern. Was glauben Sie, daß mein Mann mit ihr anstellen mußte, bis sie sich ans Schwimmen wagte.

DIE MUTTER Ich meine, sie könnte noch leben.

DIE ALTE FRAU PEREZ Aber wie?

DIE MUTTER Was mußte Ihre Tochter, die Lehrerin war, ein Gewehr in die Hand nehmen und gegen die Generäle kämpfen?

DER ARBEITER Die sogar vom Heiligen Vater finanziert werden!

DIE ALTE FRAU PEREZ Sie sagte, sie wollte Lehrerin bleiben.

DIE MUTTER Und das konnte sie nicht in Malaga in ihrer Schule, Generäle hin, Generäle her?

DIE ALTE FRAU PEREZ Wir haben mit ihr darüber gesprochen. Ihr Vater hatte das Rauchen aufgegeben für sieben Jahre, und ihre Geschwister bekamen keinen Tropfen Milch in all diesen Jahren, damit sie Lehrerin werden konnte. Und jetzt sagte Inez, sie könne nicht lehren, daß zwei mal zwei fünf und der General Franco von Gott geschickt sei.

DIE MUTTER Wenn Juan zu mir kommen und mir sagen würde, unter den Generälen könne er nicht mehr fischen, dann würde ich ihm ein Licht aufstecken. Meinen Sie, die Aufkäufer werden uns nicht die Haut abziehen, wenn wir die Generäle weghaben, wie?

DER ARBEITER Ich denke, sie werden sich vielleicht etwas schwerer tun, wenn wir die Gewehre haben.

DIE MUTTER Also auch dann wieder Gewehre? Es

wird weitergeschossen.

DER ARBEITER Wer spricht davon? Wenn dich die Haifische angreifen, bist dann du es, der die Gewalt anwendet? Sind wir nach Madrid marschiert, oder ist der General Mola über die Gebirge zu uns gekommen? Zwei Jahre lang war etwas Licht, ganz schwaches Licht, noch nicht einmal Dämmerung, aber jetzt soll es wieder Nacht werden. Und nicht einmal so steht es. Die Lehrerinnen sollen nicht etwa mehr den Kindern nicht sagen dürfen, daß zwei mal zwei vier ist, sondern sie sollen ausgerottet werden, wenn sie das jemals gesagt haben. Hast du ihn nicht sagen hören, heute abend, daß wir vom Erdboden weggewischt werden sollen?

DIE MUTTER Nur die zu den Waffen gegriffen haben. Ihr sollt nicht so in mich hineinreden. Ich kann nicht mit euch allen streiten. Meine Söhne schauen mich an wie einen Polizisten. Wenn die Mehltruhe leer ist, dann lese ich auf ihren Gesichtern, daß ich schuld bin. Und wenn die Flieger auftauchen, dann blicken sie weg, als hätte ich sie geschickt. Warum schweigt der Padre, wenn er reden sollte? Man sieht mich an wie eine Wahnsinnige, wenn ich glaube, daß die Generäle Menschen sind, sehr schlechte, aber kein Erdbeben, mit dem man nicht reden kann! Wozu setzen Sie sich in meine

Stube, Frau Perez, und reden mir solches Zeug ein? Meinen Sie, ich weiß nicht alles, was Sie sagen, selber? Ihre ist schon tot, jetzt sollen meine dran! Das wollen Sie, wie? Sie laufen mir das Haus ein wie Steuereintreiber, aber ich habe schon bezahlt.

DIE ALTE FRAU PEREZ *steht auf:* Frau Carrar, ich wollte Sie nicht zornig machen. Ich bin nicht der Meinung meines Mannes, daß man Sie zu irgend etwas zwingen soll. Wir hatten eine sehr gute Meinung von Ihrem Mann, und ich wollte Sie um Entschuldigung bitten, daß meine Leute Sie belästigen.
Sie geht, dem Arbeiter und dem Jungen zunickend. Pause.

DIE MUTTER Das schlimmste ist, daß sie einen mit ihrer Hartnäckigkeit dahin bringen, daß man lauter Dinge sagt, die man gar nicht meint. Ich bin doch nicht gegen Inez.

DER ARBEITER *zornig:* Ja, du bist gegen Inez! Indem du ihr nicht geholfen hast, warst du gegen sie! Du sagst ja auch, du bist nicht für die Generäle. Und das ist ebenso unwahr, ob du es weißt oder nicht. Indem du uns nicht gegen sie hilfst, bist du für sie. Du kannst nicht neutral bleiben, Teresa!

DER JUNGE *geht plötzlich auf sie zu:* Komm, Mutter, es hilft dir nichts! *Zum Arbeiter:* Jetzt hat sie sich auf die Gewehrkiste gesetzt, damit wir nicht zukönnen. Also gib schon her, Mutter!

DIE MUTTER Wisch dir lieber die Nase ab, José!

DER JUNGE Mutter, ich will mit Onkel Pedro gehen! Ich warte nicht, bis man uns hier absticht wie Schweine. Du kannst mir das Kämpfen nicht verbieten wie das Rauchen! Philippo, der nicht halb so gut mit dem Stein trifft, ist schon vorn, und Andrea, der ein Jahr jünger ist als ich, ist schon gefallen. Ich lasse mich nicht auslachen vom ganzen Dorf.

DIE MUTTER Ja, ich weiß. Der kleine Paolo hat einem Lastwagenchauffeur seinen toten Maulwurf versprochen, wenn er ihn mit an die Front nimmt. Das ist lächerlich.

DER ARBEITER Es ist nicht lächerlich.

DER JUNGE Sag dem Ernesto Turillo, er kann mein kleines Boot haben. – Komm, Onkel Pedro! *Er will gehen.*

DIE MUTTER Du bleibst!

DER JUNGE Nein, ich gehe! Du kannst sagen, du brauchst Juan, aber mich brauchst du dann nicht auch noch.

DIE MUTTER Ich halte Juan nicht, weil er für mich fischen gehen soll. Und ich lasse dich nicht weg! *Sie läuft auf ihn zu und umarmt ihn.* Du kannst rauchen, wenn du willst, und wenn du allein fischen gehen willst, ich werde nichts

sagen, und auch einmal in Vaters Boot!
DER JUNGE Laß mich los!
DIE MUTTER Nein, du bleibst hier!
DER JUNGE *sich losringend:* Nein, ich gehe! – Rasch, nimm die Gewehre, Onkel!
DIE MUTTER Oh!
Sie läßt den Jungen los und hinkt weg, mit dem Fuß vorsichtig auftretend.
DER JUNGE Was hast du?
DIE MUTTER Was kümmert das dich, was ich habe? Geh nur! Deine Mutter hast du jedenfalls besiegt.
DER JUNGE *mißtrauisch:* Ich habe gar nicht gerungen. Es kann dir nichts passiert sein.
DIE MUTTER *sich den Fuß massierend:* Nein, geh nur!
DER ARBEITER Soll ich ihn dir einrenken?
DIE MUTTER Nein, gehen sollst du! Geh hinaus aus meinem Haus! Hetzest du meine Kinder auf, daß sie sich auf mich werfen?
DER JUNGE *zornig:* Ich habe mich auf sie geworfen! *Er geht, weiß vor Zorn, nach hinten.*
DIE MUTTER Du wirst ein Verbrecher werden! Warum nehmt ihr mir nicht auch noch das letzte Brot aus dem Ofen? Ihr könnt mich ja mit einem Strick an den Stuhl binden! Ihr seid ja zwei!
DER ARBEITER Laß den Schwindel, ja?
DIE MUTTER Juan ist auch verrückt, aber er würde

nicht Gewalt anwenden gegen seine Mutter! Er
wird es euch eintränken, wenn er kommt! Juan!
*Sie steht plötzlich auf, von einem Gedanken gepackt,
und rennt zum Fenster. Dabei vergißt sie das Hinken, und der Junge zeigt empört auf ihre Füße.*
DER JUNGE Plötzlich ist der Fuß gut.
DIE MUTTER *schaut hinaus; plötzlich:* Ich weiß nicht,
ich sehe Juans Lampe nicht mehr!
DER JUNGE *mürrisch:* Wie soll sie denn weg sein?
DIE MUTTER Nein, sie ist wirklich weg!
Der Junge geht zum Fenster, schaut hinaus.
DER JUNGE *mit sonderbarer Stimme zum Arbeiter:*
Ja, sie ist weg! Er war zuletzt bis ganz am Kap
draußen. Ich lauf hinunter. *Er geht schnell weg.*
DER ARBEITER Er wird gerade zurückrudern.
DIE MUTTER Dann müßte ich die Lampe sehen.
DER ARBEITER Was soll es denn dann sein?
DIE MUTTER Ich weiß, was es ist! Sie ist zu ihm
hinausgerudert!
DER ARBEITER Wer? Das Mädchen? Sicher nicht!
DIE MUTTER Doch, sie haben ihn geholt! *In steigender Erregung:* Das war ein Plan! Sie haben es
ausgemacht! Sie haben den ganzen Abend einen nach dem andern hergeschickt, damit ich
nicht aufpasse! Das sind Mörder! Allesamt!
DER ARBEITER *halb im Spaß, halb böse:* Den Padre
jedenfalls haben sie nicht hergeschickt!
DIE MUTTER Sie ruhen ja nicht, bis sie alle hinein-

gezogen haben!

DER ARBEITER Du meinst doch nicht, daß er zur Front ist?

DIE MUTTER Sie sind seine Mörder, aber er ist nicht besser als sie! Bei Nacht stiehlt er sich weg! Ich will ihn nicht mehr sehen!

DER ARBEITER Ich verstehe dich überhaupt nicht mehr, Teresa. Siehst du denn nicht, daß du ihm nichts Schlimmeres antun kannst, als ihn jetzt vom Kämpfen zurückzuhalten? Er wird es dir nicht danken.

DIE MUTTER *wie abwesend:* Ich habe ihm nicht meinethalben gesagt, daß er nicht kämpfen darf.

DER ARBEITER Nicht für uns kämpfen, Teresa, heißt nicht: nicht kämpfen, sondern für die Generäle kämpfen.

DIE MUTTER Wenn er mir das angetan hat und zur Miliz gegangen ist, dann soll er verflucht sein! Mit ihren Fliegerbomben sollen sie ihn treffen! Mit ihren Tanks sollen sie ihn niederfahren! Daß er merkt, daß Gott sich nicht spotten läßt. Und daß ein Armer nicht gegen die Generäle aufkommen kann. Ich habe ihn nicht dazu geboren, daß er hinter einem Maschinengewehr auf seine Mitmenschen lauert. Wenn da Unrecht ist in der Welt, habe ich ihn nicht gelehrt, daran teilzunehmen. Ich werde ihm meine Tür nicht mehr öffnen, wenn er zurückkommt, nur weil er sagt, er hat die Generäle besiegt! Ich werde ihm sagen, und zwar durch die Tür, daß ich niemand in meinem Haus haben will, der sich mit Blut befleckt hat. Ich werde ihn mir abhauen wie einen kranken Fuß. Das werde ich. Sie haben mir schon einen gebracht. Der meinte auch, er werde schon Glück haben. Aber wir haben kein Glück. Das werdet ihr vielleicht noch begreifen, bevor die Generäle mit uns fertig sind. Wer zum Schwert greift, wird durch das Schwert umkommen.

Vor der Tür hört man Gemurmel, dann geht die Tür auf und herein kommen drei Frauen, die Hände über der Brust gefaltet, den Englischen Gruß murmelnd. Sie stellen sich an der Wand auf, und durch die offengebliebene Tür bringen zwei Fischer auf einem blutdurchtränkten Segel den toten Juan Carrar. Hinter ihnen kommt totenblaß der Junge. Er hat die Mütze seines Bruders in der Hand. Die Fischer legen den Toten auf den Fußboden. Einer hält Juans Lampe. Während die Mutter erstarrt dasitzt und die Frauen lauter beten, erklären die Fischer dem Arbeiter mit gedämpfter Stimme, was geschehen ist.

ERSTER FISCHER Es war einer von ihren Fischkuttern mit Maschinengewehren. Sie haben ihn im Vorbeifahren einfach abgeschossen.

DIE MUTTER Das kann nicht sein! Das ist ein Irrtum! Er ist doch fischen gegangen!

Die Fischer schweigen. Die Mutter sinkt zu Boden, der Arbeiter hebt sie auf.

DER ARBEITER Er kann nichts gespürt haben.

Die Mutter kniet bei dem Toten nieder.

DIE MUTTER Juan!

Man hört eine Zeitlang nur das Gemurmel der betenden Frauen und das dumpfe Rollen der Geschütze in der Ferne.

DIE MUTTER Könnt ihr ihn mir auf die Truhe legen?

Der Arbeiter und die Fischer heben den Toten hoch und tragen ihn nach hinten auf die Truhe. Das Segel bleibt liegen. Das Beten der Frauen wird lauter und heller. Die Mutter nimmt den Jungen bei der Hand und geht mit ihm zu dem Toten.

DER ARBEITER *wieder vorn zu den Fischern:* War er allein? Kein anderes Boot draußen?

ERSTER FISCHER Nein. Aber er war am Ufer. *Er deutet auf den zweiten Fischer.*

ZWEITER FISCHER Sie haben ihn nicht einmal etwas gefragt. Sie wischten nur so vorbei mit ihrem Scheinwerfer, und dann fiel seine Lampe ins Boot.

DER ARBEITER Aber sie müssen doch gesehen haben, daß er nur fischt?

ZWEITER FISCHER Ja, das müssen sie gesehen haben.

DER ARBEITER Und er hat ihnen nichts zugerufen?

ZWEITER FISCHER Das hätte ich gehört.
Die Mutter kommt mit Juans Mütze, die der Junge hereingebracht hat, nach vorn.
DIE MUTTER *einfach:* Schuld war die Mütze.
ERSTER FISCHER Wieso?
DIE MUTTER Sie ist schäbig. So etwas trägt kein Herr.
ERSTER FISCHER Aber sie können doch nicht auf jeden losknallen, der eine schäbige Mütze aufhat?
DIE MUTTER Doch. Das sind keine Menschen. Das ist ein Aussatz, und das muß ausgebrannt werden wie ein Aussatz. *Zu den betenden Frauen, höflich:* Ich möchte euch bitten zu gehen. Ich habe noch allerhand zu tun hier, und mein Bruder ist ja bei mir.
Die Leute gehen.
ERSTER FISCHER Das Boot haben wir unten festgemacht.
Wenn sie allein sind, nimmt die Mutter das Segel auf und sieht darauf hinab.
DIE MUTTER Vorhin habe ich eine Fahne zerrissen. Sie haben mir wieder eine gebracht.
Sie schleift es nach hinten und deckt den Toten damit zu. In diesem Augenblick ändert sich der ferne Donner der Geschütze. Er kommt plötzlich näher.
DER JUNGE *apathisch:* Was ist das?
DER ARBEITER *plötzlich gehetzt aussehend:* Der

Durchbruch! Ich muß sofort los!

DIE MUTTER *nach vorn zum Backofen gehend, laut:* Nehmt die Gewehre heraus! Mach dich fertig, José! Das Brot ist auch fertig.

Während der Arbeiter die Gewehre aus dem Kasten nimmt, sieht sie nach dem Brot. Sie nimmt es aus dem Ofen, schlägt es in ein Tüchlein und tritt zu den beiden. Sie faßt nach einem der Gewehre.

DER JUNGE Willst du denn auch mitkommen?

DIE MUTTER Ja, für Juan.

Sie gehen zur Tür.

›Die Gewehre der Frau Carrar‹, Kopenhagen 1938.
Im Arbeitertheater Kopenhagen wurde von Brecht und Ruth Berlau das Stück mit Helene Weigel und exilierten Deutschen inszeniert.

Bertolt Brecht
im Suhrkamp und im Insel Verlag
Eine Auswahl

Werkausgaben

Werke. Große kommentierte Berliner und Frankfurter Ausgabe. 30 Bände (in 32 Teilbänden) und ein Registerband. Bearbeitet von Hermann Kähler. Leinen. 20 650 Seiten

Ausgewählte Werke in sechs Bänden. st 3732. Sechs Bände in Kassette. Broschur. 4000 Seiten

Stücke

Der aufhaltsame Aufstieg des Arturo Ui. es 144. 134 Seiten

Aufstieg und Fall der Stadt Mahagonny. Oper. es 21. 112 Seiten

Baal. Drei Fassungen. Kritisch ediert und kommentiert von Dieter Schmidt. es 170. 232 Seiten

Baal. Der böse Baal der asoziale. Texte, Varianten, Materialien. es 248. 256 Seiten

Die Dreigroschenoper. Nach John Gays »The Beggar's Opera«. es 229. 128 Seiten. BS 1155. 106 Seiten

Frühe Stücke. Baal. Trommeln in der Nacht. Im Dickicht der Städte. st 201. 209 Seiten

Furcht und Elend des Dritten Reiches. es 392. 144 Seiten

Die Gewehre der Frau Carrar. Unter Benutzung einer Idee von J.M. Synge. es 219. 80 Seiten

Der gute Mensch von Sezuan. Parabelstück. es 73. 160 Seiten

Die heilige Johanna der Schlachthöfe. es 113. 160 Seiten

Herr Puntila und sein Knecht Matti. Volksstück. es 105. 144 Seiten

Die Hochzeit und andere Einakter. es 2198. 189 Seiten

Die Judith von Shimoda. Nach einem Stück von Yamamoto Yuzo es 2470. 160 Seiten

Der kaukasische Kreidekreis. es 31. 144 Seiten

Leben des Galilei. Schauspiel. es 1. 161 Seiten

Mann ist Mann. Die Verwandlung des Packers Galy Gay in den Militärbaracken von Kilkoa im Jahre neunzehnhundertfünfundzwanzig. Lustspiel. es 259. 112 Seiten

Die Maßnahme. Zwei Fassungen. Anmerkungen. Zusammengestellt von Judith Wilke. es 2058. 112 Seiten

Mutter Courage und ihre Kinder. Eine Chronik aus dem Dreißigjährigen Krieg. es 49. 128 Seiten

Schweyk im zweiten Weltkrieg. es 132. 106 Seiten

Gedichte

Ausgewählte Gedichte. Ausgewählt von Siegfried Unseld. Mit einem Nachwort von Walter Jens. es 86. 112 Seiten

Bertolt Brechts Hauspostille. Mit Anleitungen, Gesangsnoten und einem Anhang. st 3041. 160 Seiten

Buckower Elegien. Mit Kommentaren von Jan Knopf. es 1397. 144 Seiten

Das große Brecht-Liederbuch. Herausgegeben und kommentiert von Fritz Hennenberg. Musik von Bertolt Brecht, Franz S. Bruinier, Kurt Weill, Hanns Eisler, Paul Dessau, Rudolf Wagner-Régeny, Kurt Schwaen. Drei Bände. 516 Seiten. Gebunden. st 1216. 533 Seiten

Die Gedichte. Herausgegeben von Jan Knopf. Gebunden. it 3331. 1646 Seiten

Gedichte über die Liebe. Ausgewählt von Werner Hecht. BS 1161. 256 Seiten. st 1001. 249 Seiten

Gedichte und Lieder. Ausgewählt von Peter Suhrkamp. BS 33. 176 Seiten

Hundert Gedichte. Ausgewählt von Siegfried Unseld. st 2800. 188 Seiten

Liebesgedichte. Herausgegeben von Elisabeth Hauptmann. IB 852. 72 Seiten

Liebesgedichte. Ausgewählt von Werner Hecht. it 2824. 117 Seiten

Prosa

Die unwürdige Greisin. Und andere Geschichten.
Zusammengestellt und mit Anmerkungen versehen von
Wolfgang Jeske. st 1746. 220 Seiten

Dreigroschenroman. st 1846. 394 Seiten

**Die Flaschenpost und andere Geschichten aus der
Weimarer Zeit.** Herausgegeben und mit einem Nachwort
versehen von Jan Knopf. it 2948. 249 Seiten

Flüchtlingsgespräche. Erweiterte Ausgabe.
BS 1274 und st 3129. 152 Seiten

Geschichten vom Herrn Keuner. Zürcher Fassung.
Herausgegeben von Erdmut Wizisla. Kartoniert. 128 Seiten

Geschichten vom Herrn Keuner. st 16. 128 Seiten

Kalendergeschichten. Mit einem Nachwort von Jan Knopf.
BS 1343. 153 Seiten. st 3443. 152 Seiten

Prosa. Sämtliche Prosa in einem Band. Broschur. 1782 Seiten

Notizbücher

Notizbücher. Band 1: 1918-1920. Herausgegeben von Martin
Kölbel und Peter Villwock. Broschur. 481 Seiten

Notizbücher. Band 2: 1920. Herausgegeben von Martin Kölbel und Peter Villwock. Broschur. 657 Seiten

Notizbücher. Band 7: 1927-1930. Herausgegeben von Peter Villwock. Broschur. 542 Seiten

Briefe

Briefe. Zwei Bände. Herausgegeben und kommentiert von Günter Glaeser. Gebunden. 1175 Seiten

»ich lerne: gläser + tassen spülen«. Der Briefwechsel mit Helene Weigel 1923–1956. Gebunden. 402 Seiten

Über Bertolt Brecht

Bertolt Brecht. Sein Leben in Bildern und Texten. Mit einem Vorwort von Max Frisch. Herausgegeben von Werner Hecht. Gestaltet von Willy Fleckhaus. st 3217. 351 Seiten. it 1122. 351 Seiten

Hans Mayer. Erinnerung an Brecht. Englische Broschur. 121 Seiten

Werner Hecht. Brecht Chronik 1898-1956. Broschur. 1316 oder 1465 Seiten

alles was Brecht ist ... Fakten – Kommentare – Meinungen – Bilder. Begleitbuch zu den gleichnamigen Sendereihen von 3sat und S2 Kultur. Herausgegeben von Werner Hecht. Broschur. 315 Seiten

James K. Lyon. Bertolt Brecht in Amerika. Übersetzt von Traute M. Marshall. Gebunden. 527 Seiten

Jan Knopf. Bertolt Brecht. Leben, Werk, Wirkung. sb 16. 157 Seiten

Graphic Novel

Geschichten vom Herrn Keuner. Graphic Novel von Ulf K. st 4517. 130 Seiten

Filme

Bertolt Brecht/Hanns Eisler/Slatan Dudow. Kuhle Wampe oder Wem gehört die Welt? DVD mit einem umfangreichen Booklet. fes 2

Suhrkamp BasisBibliothek

Der Aufstieg des Arturo Ui. Mit einem Kommentar von Annabelle Köhler. SBB 55. 182 Seiten

Aufstieg und Fall der Stadt Mahagonny. Mit einem Kommentar von Joachim Lucchesi. SBB 63. 160 Seiten

Die Dreigroschenoper. Der Erstdruck 1928. Mit einem Kommentar von Joachim Lucchesi. SBB 48. 170 Seiten

Der gute Mensch von Sezuan. Mit einem Kommentar von Wolfgang Jeske. SBB 25. 224 Seiten

Der kaukasische Kreidekreis. Mit einem Kommentar von Ana Kugli. SBB 42. 192 Seiten

Leben des Galilei. Schauspiel. Mit einem Kommentar von Dieter Wöhrle. SBB 1. 192 Seiten

Mutter Courage und ihre Kinder. Eine Chronik aus dem Dreißigjährigen Krieg. Mit einem Kommentar von Wolfgang Jeske. SBB 11. 185 Seiten

Suhrkamp BasisBibliothek
Text und Kommentar in einem Band

»Die Suhrkamp BasisBibliothek hat sich längst einen Namen gemacht. Als ›Arbeitstexte für Schule und Studium‹ präsentiert der Suhrkamp Verlag diese Zusammenarbeit mit dem Schulbuchverlag Cornelsen. Doch nicht nur prüfungsgepeinigte Proseminaristen treibt es in die Arme der vielschichtig angelegten Didaktik, mit der diese unprätentiösen Bändchen aufwarten. Auch Lehrer und Liebhaber vertrauen sich gerne den jeweiligen Kommentatoren an, zumal die Bände mit erschöpfenden Hintergrundinformationen, Zeittafeln, Entstehungsgeschichten, Rezeptionsgeschichten, Erklärungsmodellen, Interpretationsskizzen, Wort- und Sacherläuterungen und Literaturhinweisen gespickt sind.«
Frankfurter Allgemeine Zeitung

Ingeborg Bachmann. Malina. Kommentar: Monika Albrecht und Dirk Göttsche. SBB 56. 389 Seiten

Jurek Becker. Jakob der Lügner. Kommentar: Thomas Kraft. SBB 15. 351 Seiten

Thomas Bernhard
- Amras. Kommentar: Bernhard Judex. SBB 70. 144 Seiten
- Erzählungen. Kommentar: Hans Höller. SBB 23. 171 Seiten
- Heldenplatz. Kommentar: Martin Huber. SBB 124. 205 Seiten

Marcel Beyer. Flughunde. Kommentar: Christian Klein. SBB 125. 347 Seiten

Bertolt Brecht
- Der Aufstieg des Arturo Ui. Kommentar: Annabelle Köhler. SBB 55. 182 Seiten

- Die Dreigroschenoper. Kommentar: Joachim Lucchesi. SBB 48. 170 Seiten
- Kalendergeschichten. Kommentar: Denise Kratzmeier. SBB 131. 196 Seiten
- Der gute Mensch von Sezuan. Kommentar: Wolfgang Jeske. SBB 25. 214 Seiten
- Der kaukasische Kreidekreis. Kommentar: Ana Kugli. SBB 42. 189 Seiten
- Leben des Galilei. Kommentar: Dieter Wöhrle. SBB 1. 191 Seiten
- Mutter Courage und ihre Kinder. Kommentar: Wolfgang Jeske. SBB 11. 185 Seiten

Georg Büchner
- Danton's Tod. Kommentar: Joachim Hagner. SBB 89. 200 Seiten
- Lenz. Kommentar: Burghard Dedner. SBB 4. 155 Seiten

Paul Celan. »Todesfuge« und andere Gedichte. Kommentar: Barbara Wiedemann. SBB 59. 186 Seiten

Annette von Droste-Hülshoff. Die Judenbuche. Kommentar: Christian Begemann. SBB 14. 136 Seiten

Joseph von Eichendorff. Aus dem Leben eines Taugenichts. Kommentar: Peter Höfle. SBB 82. 180 Seiten

Theodor Fontane
- Effi Briest. Kommentar: Dieter Wöhrle. SBB 47. 414 Seiten
- Irrungen, Wirrungen. Kommentar: Helmut Nobis. SBB 81. 258 Seiten

Max Frisch
- Andorra. Kommentar: Peter Michalzik. SBB 8. 166 Seiten
- Biedermann und die Brandstifter. Kommentar: Heribert Kuhn. SBB 24. 142 Seiten
- Homo faber. Kommentar: Walter Schmitz. SBB 3. 301 Seiten

Johann Wolfgang Goethe
- Egmont. Kommentar: Helmut Nobis. SBB 127. 184 Seiten
- Faust I. Kommentar: Ralf-Henning Steinmetz. SBB 107. 298 Seiten
- Götz von Berlichingen. Kommentar: Wilhelm Große. SBB 27. 243 Seiten
- Die Leiden des jungen Werthers. Kommentar: Wilhelm Große. SBB 5. 222 Seiten
- Wilhelm Meisters Lehrjahre. Kommentar: Joachim Hagner. SBB 85. 700 Seiten

Grimms Märchen. Kommentar: Heinz Rölleke. SBB 6. 136 Seiten

Peter Handke. Wunschloses Unglück. Kommentar: Hans Höller. SBB 38. 131 Seiten

Friedrich Hebbel. Maria Magdalena. Kommentar: Florian Radvan. SBB 74. 150 Seiten

Christoph Hein. Der fremde Freund. Drachenblut. Kommentar: Michael Masanetz. SBB 69. 236 Seiten

Hermann Hesse
- Demian. Kommentar: Heribert Kuhn. SBB 16. 233 Seiten
- Narziß und Goldmund. Kommentar: Heribert Kuhn. SBB 40. 407 Seiten
- Siddhartha. Kommentar: Heribert Kuhn. SBB 2. 192 Seiten
- Der Steppenwolf. Kommentar: Heribert Kuhn. SBB 12. 306 Seiten
- Unterm Rad. Kommentar: Heribert Kuhn. SBB 34. 275 Seiten

E. T. A. Hoffmann
- Das Fräulein von Scuderi. Kommentar: Barbara von Korff-Schmising. SBB 22. 149 Seiten

- Der goldene Topf. Kommentar: Peter Braun. SBB 31. 157 Seiten
- Der Sandmann. Kommentar: Peter Braun. SBB 45. 100 Seiten

Ödön von Horváth
- Geschichten aus dem Wiener Wald. Kommentar: Dieter Wöhrle. SBB 26. 168 Seiten
- Glaube Liebe Hoffnung. Kommentar: Dieter Wöhrle. SBB 84. 152 Seiten
- Jugend ohne Gott. Kommentar: Elisabeth Tworek. SBB 7. 195 Seiten
- Kasimir und Karoline. Kommentar: Dieter Wöhrle. SBB 28. 147 Seiten

Franz Kafka
- Der Prozeß. Kommentar: Heribert Kuhn. SBB 18. 352 Seiten
- Das Urteil und andere Erzählungen. Kommentar: Peter Höfle. SBB 36. 188 Seiten
- Die Verwandlung. Kommentar: Heribert Kuhn. SBB 13. 134 Seiten
- In der Strafkolonie. Kommentar: Peter Höfle. SBB 78. 133 Seiten

Gottfried Keller. Kleider machen Leute. Kommentar: Peter Villwock. SBB 68. 192 Seiten

Heinar Kipphardt. In der Sache J. Robert Oppenheimer. Kommentar: Ana Kugli. SBB 58. 220 Seiten

Heinrich von Kleist
- Penthesilea. Kommentar: Axel Schmitt. SBB 72. 180 Seiten.
- Der zerbrochne Krug. Kommentar: Axel Schmitt. SBB 66. 186 Seiten
- Prinz Friedrich von Homburg. Kommentar: Andrea Neuhaus. SBB 105. 155 Seiten

Wolfgang Koeppen. Das Treibhaus. Kommentar: Arne Grafe. SBB 76. 290 Seiten